FEDERICO GARCÍA LORCA

UNA ANTOLOGÍA POÉTICA

Prólogo de José Luis Piquero

Breves
Reencuentros
NAVONA

Primera edición: abril de 2009
Publicado por NAVONA
© Herederos de Federico García Lorca
© de esta edición: Terapias Verdes, S. L.
Aragón, 259, 08007 Barcelona
navonaed@terapiasverdes.com
© del prólogo: José Luis Piquero

Selección de poesías: Joan Capdevila
Diseño de la cubierta: Eduard Serra

Fotocomposición: Víctor Igual, S. L.
Peu de la Creu, 5-9, 08001 Barcelona
Impresión: Gráficas 94, S. L.
Polígono Can Casablancas, calle Garrotxa, nave 5,
08192 Sant Quirze del Vallès

Depósito legal: B-13.860-2009
ISBN: 978-84-92716-06-7

Índice

Nombrar el misterio,
   prólogo de José Luis Piquero   9

Libro de poemas   13
   Balada de un día de julio   14

Poema del Cante Jondo   19
   Baladilla de los tres ríos   20
   La soleá   22
   Memento   23

Primeras canciones   25
   Canción   26

Canciones   29
   El lagarto está llorando   30
   Es verdad   32
   Arbolé, arbolé   33
   Despedida   35

Romancero gitano   37
  Romance de la luna luna   38
  Preciosa y el aire   40
  Reyerta   43
  Romance sonámbulo   45
  La casada infiel   49
  Romance de la pena negra   52
  Prendimiento de Antoñito el Camborio en el
    camino de Sevilla   55
  Muerte de Antoñito el Camborio   58
  Romance de la guardia civil   61

Llanto por la muerte de Ignacio Sánchez Mejías   67
  La cogida y la muerte   69
  La sangre derramada   72
  Cuerpo presente   77
  Alma ausente   80

Diván del Tamarit   83
  Gacela del amor imprevisto   84
  Gacela del recuerdo del amor   85
  Casida de la mujer tendida   87
  Casida de la rosa   88

Poemas sueltos   89
  En la muerte de José de Ciria y Escalante 90

Cantares populares   91
    Los cuatro muleros   92
    Los pelegrinitos   94

Romances del teatro   97
    Mariana Pineda, estampa primera
        Amparo: «En la corrida más grande»   98
        Mariana: «Decirte como lo quiero»   101

    Mariana Pineda, estampa tercera
        Amparo: «Don Pedro vendrá a caballo»   102

    La zapatera prodigiosa, acto segundo
        Zapatera: «Un lunes por la mañana»   104

    Yerma, acto primero
        Yerma: «¿De dónde vienes, amor, mi niño?»   106

    Doña Rosita la soltera, acto primero
        Tío: «Cuando se abre en la mañana»   108
        Rosita: «Granada, calle de Elvira»   109

    Doña Rosita la soltera, acto segundo
    Solterona 3: «Madre, llévame a los campos»   111

NOMBRAR EL MISTERIO

Hace algunos años, un joven poeta andaluz causó cierto revuelo e indignación en los medios literarios al declarar, con ingenuo atrevimiento, que Lorca era «ilegible». No tardó mucho tiempo, naturalmente, en verse obligado a rectificar y matizar sus frívolas e imprudentes palabras. Acaso hubiera acertado más diciendo que García Lorca es intocable, y ello en un doble sentido, tal vez contradictorio. Por una parte, pocos autores han logrado mantener su vigencia e influjo sin interrupción a lo largo de casi un siglo. Las corrientes de la moda crítica y lectora rescatan a unos y oscurecen a otros cada cierto tiempo. Así, la poesía de Vicente Aleixandre, una referencia casi obligada en la segunda mitad del siglo xx, pasa actualmente por horas bajas y el del Premio Nobel no es un nombre que citen con frecuencia ni los lectores ni los propios poetas. En cambio, todas las generaciones posteriores han vuelto sus ojos hacia la obra de Lorca y reivindicado sus múltiples facetas: bien la popular, bien la surrealista, sin olvidar su teatro, profundamente lírico.

Sin embargo, y este es el otro sentido de la palabra «intocable», Lorca no ha ejercido un magisterio fructífero entre los creadores de nuestro tiempo. Quienes han intentado seguir su estela —y, desde luego, los que han tratado de imitarlo— han solido caer en tópicos y pastiches más o menos involuntarios. Mientras que poetas como Luis Cernuda han alimentado una fértil corriente elegíaca y meditativa en la poesía española, los epígonos de Lorca se han quedado en la superficie, en el fácil cliché de gitanos y romances y *aje* popular. Lorca es inimitable: abre y cierra caminos. Es una poderosa luz que puede quemar a quien se acerque con la intención de arrebatar su secreto. No sería aventurado afirmar que el único poeta rescatable de su estirpe y escuela es Miguel Hernández.

Desde luego la poesía de Federico García Lorca es legible, y muy legible. Atrae a muchos la sencillez melodiosa de sus canciones, que han pasado al acervo popular. A muchos más sus romances enraizados en el cante flamenco. A otros esos sonetos prodigiosamente tallados que dicen las palabras arcanas del amor oscuro. A los lectores más entrenados les sigue sobrecogiendo la dura arista de las odas terribles de *Poeta en Nueva York*, sin duda la obra maestra del surrealismo español, junto a *Sobre los ángeles*, de Rafael Alberti, y

Los placeres prohibidos, de Cernuda. Probablemente todos ellos encuentran en Lorca una misma sustancia: el misterio. Misterio es la respuesta de la blanca niña de «Balada de un día de julio» a la pregunta «¿Qué llevas en el pecho, / tan fino y leve?»: «La espada de mi amante / que vive y muere». Y también es un misterio que los guardias civiles vayan armados de «una vaga astronomía / de pistolas inconcretas». ¿Qué decir de esas «campanas de arsénico» que doblan por la muerte de Ignacio Sánchez Mejías? ¿O de las «trescientas rosas morenas» que hay en la pechera blanca del moribundo en el «Romance sonámbulo»? La capacidad metafórica del poeta granadino, su inventiva deslumbrante y precisa, no ha sido superada. Así, el rocío de la noche se convierte en «mil panderos de cristal» que «herían la madrugada», el jinete que se acerca va «tocando el tambor del llano» y los pechos de la casada infiel se escapan «como peces ateridos». Extraña precisión, llena de plasticidad. Misterios que nunca quedan del todo desvelados.

García Lorca fue un renovador absoluto. El viejo romance castellano nunca volverá a sonar igual después de sus romances y todo intento de repetirlo está destinado a sonar a «lorquiano». Cualquier tópico alrededor de su poesía nace de sus epígonos y de ahí el cansancio y el rechazo de algunos lectores, como el joven poeta del que hablábamos al principio. Sin embargo, releer a Federico García Lorca (¿quién, salvo los niños pequeños, no lo ha leído ya alguna vez?) es siempre una experiencia deslumbrante, la confirmación de una certeza firmemente arraigada en nosotros, los lectores: la de que la poesía española no sería la misma (infinitamente más pobre, más sola) sin la obra del autor de *Diván del Tamarit*.

Unas palabras sobre esta selección. Hay muchas voces en García Lorca, muy diferentes registros de su indiscutible genialidad, y resulta arduo reflejarlos todos en una antología manejable. Joan Capdevila, autor de la muestra que el lector tiene en sus manos, ha optado por la cuerda más popular y tradicional del poeta, aquella que ha obtenido tal vez un eco más perdurable: la de los romances y las canciones, incluyendo algunos de los que aparecen en sus obras teatrales. También piezas singulares como el *Llanto por la muerte de Ignacio Sánchez Mejías*. Toda selección de la obra lorquiana resulta insuficiente y a la vez satisfactoria: imposible que no encierre muchas felicidades. Eso es lo que ocurre con esta propuesta personal de Capdevila, que contiene algunos de los mejores versos del granadino e invita a seguir ahondando en su intransferible mundo mágico.

José Luis Piquero
Islantilla, marzo de 2009

LIBRO DE POEMAS
(1921)

BALADA DE UN DIA DE JULIO
(Julio de 1919)

Esquilones de plata
llevan los bueyes.

    —¿Dónde vas, niña mía,
de sol y nieve?

    —Voy a las margaritas
del prado verde.

    —El prado está muy lejos
y miedo tienes.

    —Al airón y a la sombra
mi amor no teme.

    —Teme al sol, niña mía,
de sol y nieve.

    —Se fue de mis cabellos
ya para siempre.

—¿Quién eres, blanca niña?
¿De dónde vienes?

—Vengo de los amores
y de las fuentes.

—¿Qué llevas en la boca
que se te enciende?

—La estrella de mi amante
que vive y muere.

—¿Qué llevas en el pecho,
tan fino y leve?

—La espada de mi amante
que vive y muere.

—¿Qué llevas en los ojos,
negro y solemne?

—Mi pensamiento triste
que siempre hiere.

—¿Por qué llevas un manto
negro de muerte?

—¡Ay, yo soy la viudita,
triste y sin bienes,

del conde del Laurel
de los Laureles!

—¿A quién buscas aquí,
si a nadie quieres?

—Busco el cuerpo del conde
de los Laureles.

—¿Tú buscas el amor,
viudita aleve?
Tú buscas un amor
que ojalá encuentres.

—Estrellitas del cielo
son mis quereres,
¿dónde hallaré a mi amante
que vive y muere?

—Está muerto en el agua,
niña de nieve,
cubierto de nostalgias
y de claveles.

—¡Ay!, caballero errante
de los cipreses,

una noche de luna
mi alma te ofrece.

—¡ Ah Isis soñadora!
Niña sin mieles,
la que en boca de niños
su cuento vierte.
Mi corazón te ofrezco.
Corazón tenue,
herido por los ojos
de las mujeres.

—Caballero galante,
con Dios te quedes.
Voy a buscar al conde
de los Laureles.

—Adiós, mi doncellita,
rosa durmiente,
tú vas para el amor
y yo a la muerte.

Esquilones de plata
llevan los bueyes.

Mi corazón desangra
como una fuente.

POEMA DEL CANTE JONDO
(1921)

BALADILLA DE LOS TRES RÍOS

A Salvador Quintero

El río Guadalquivir
va entre naranjos y olivos.
Los dos ríos de Granada
bajan de la nieve al trigo.

¡Ay, amor
que se fue y no vino!

El río Guadalquivir
tiene las barbas granates.
Los dos ríos de Granada,
uno llanto y otro sangre.

¡Ay, amor
que se fue por el aire!

Para los barcos de vela
Sevilla tiene un camino;
por el agua de Granada
solo reman los suspiros.

¡Ay, amor
que se fue y no vino!

Guadalquivir, alta torre
y viento en los naranjales.

Dauro y Genil, torrecillas
muertas sobre los estanques.

¡Ay, amor
que se fue por el aire!

¡Quién dirá que el agua lleva
un fuego fatuo de gritos!

¡Ay, amor
que se fue y no vino!

Lleva azahar, lleva olivas,
Andalucía, a tus mares.

¡Ay, amor
que se fue por el aire!

LA SOLEÁ

Vestida con mantos negros
piensa que el mundo es chiquito
y el corazón es inmenso.

Vestida con mantos negros.

Piensa que el suspiro tierno,
el grito, desaparecen
en la corriente del viento.

Vestida con mantos negros.

Se dejó el balcón abierto
y al alba por el balcón
desembocó todo el cielo.

*¡Ay yayayayay,
que vestida con mantos negros!*

MEMENTO

Cuando yo me muera,
enterradme con mi guitarra
bajo la arena.

Cuando yo me muera,
entre los naranjos
y la hierbabuena.

Cuando yo me muera,
enterradme si queréis
en una veleta.

¡Cuando yo me muera!

PRIMERAS CANCIONES
(1922)

CANCIÓN

Por las ramas del laurel
van dos palomas oscuras.
La una era el sol,
la otra la luna.
Vecinitas, les dije,
¿dónde está mi sepultura?
En mi cola, dijo el sol.
En mi garganta, dijo la luna.

Y yo que estaba caminando
con la tierra a la cintura
vi dos águilas de mármol
y una muchacha desnuda.
La una era la otra
y la muchacha era ninguna.
Aguilitas, les dije,
¿dónde está mi sepultura?
En mi cola, dijo el sol.
En mi garganta, dijo la luna.
Por las ramas del cerezo

vi dos palomas desnudas,
la una era la otra
y las dos eran ninguna.

CANCIONES
(1921-1924)

EL LAGARTO ESTÁ LLORANDO

A mademoiselle Teresita Guillén,
tocando un piano de siete notas

El lagarto está llorando.
La lagarta está llorando.

El lagarto y la lagarta
con delantaritos blancos.

Han perdido sin querer
su anillo de desposados.

¡Ay, su anillito de plomo,
ay, su anillito plomado!

Un cielo grande y sin gente
monta en su globo a los pájaros.

El sol, capitán redondo,
lleva un chaleco de raso.

¡Miradlos qué viejos son!
¡Qué viejos son los lagartos!

¡Ay cómo lloran y lloran,
¡ ay!, ¡ay!, cómo están llorando!

ES VERDAD

¡Ay qué trabajo me cuesta
quererte como te quiero!

Por tu amor me duele el aire,
el corazón
y el sombrero.

¿Quién me compraría a mí
este cintillo que tengo
y esta tristeza de hilo
blanco, para hacer pañuelos?

¡Ay qué trabajo me cuesta
quererte como te quiero!

ARBOLÉ ARBOLÉ

Arbolé arbolé
seco y verdé.

La niña de bello rostro
está cogiendo aceituna.
El viento, galán de torres,
la prende por la cintura.
Pasaron cuatro jinetes,
sobre jacas andaluzas,
con trajes de azul y verde,
con largas capas oscuras.
«Vente a Granada, muchacha».
La niña no los escucha.
Pasaron tres torerillos
delgaditos de cintura,
con trajes color naranja
y espada de plata antigua.
«Vente a Sevilla, muchacha».
La niña no los escucha.
Cuando la tarde se puso

morada, con luz difusa,
pasó un joven que llevaba
rosas y mirtos de luna.

«Vente a Granada, muchacha».
Y la niña no lo escucha.
La niña del bello rostro
sigue cogiendo aceituna,
con el brazo gris del viento
ceñido por la cintura.

  Arbolé arbolé
seco y verdé.

DESPEDIDA

Si muero,
dejad el balcón abierto.

El niño come naranjas.
(Desde mi balcón lo veo.)

El segador siega el trigo.
(Desde mi balcón lo siento.)

¡Si muero,
dejad el balcón abierto!

ROMANCERO GITANO
(1924-1927)

ROMANCE DE LA LUNA, LUNA

A Conchita García Lorca

La luna vino a la fragua
con su polisón de nardos.
El niño la mira, mira.
El niño la está mirando.
En el aire conmovido
mueve la luna sus brazos
y enseña, lúbrica y pura,
sus senos de duro estaño.
—Huye luna, luna, luna.
Si vinieran los gitanos,
harían con tu corazón
collares y anillos blancos.
—Niño, déjame que baile.
Cuando vengan los gitanos,
te encontrarán sobre el yunque
con los ojillos cerrados.
—Huye luna, luna, luna,
que ya siento sus caballos.
—Niño, déjame, no pises
mi blancor almidonado.

El jinete se acercaba
tocando el tambor del llano.
Dentro de la fragua el niño
tiene los ojos cerrados.
Por el olivar venían,
bronce y sueño, los gitanos.
Las cabezas levantadas
y los ojos entornados.

Cómo canta la zumaya,
¡ay, cómo canta en el árbol!
Por el cielo va la luna
con un niño de la mano.

Dentro de la fragua lloran,
dando gritos, los gitanos.
El aire la vela, vela.
El aire la está velando.

PRECIOSA Y EL AIRE

A Dámaso Alonso

Su luna de pergamino
Preciosa tocando viene,
por un anfibio sendero
de cristales y laureles.
El silencio sin estrellas,
huyendo del sonsonete,
cae donde el mar bate y canta
su noche llena de peces.
En los picos de la sierra
los carabineros duermen
guardando las blancas torres
donde viven los ingleses.
Y los gitanos del agua
levantan, por distraerse,
glorietas de caracolas
y ramas de pino verde.

*

Su luna de pergamino
Preciosa tocando viene.

Al verla se ha levantado
el viento, que nunca duerme.
San Cristobalón desnudo,
lleno de lenguas celestes,
mira a la niña tocando
una dulce gaita ausente.

    —Niña, deja que levante
tu vestido para verte.
Abre en mis dedos antiguos
la rosa azul de tu vientre.

    Preciosa tira el pandero
y corre sin detenerse.
El viento-hombrón la persigue
con una espada caliente.

    Frunce su rumor el mar.
Los olivos palidecen.
Cantan las flautas de umbría
y el liso gong de la nieve.

    ¡Preciosa, corre, Preciosa,
que te coge el viento verde!
¡Preciosa, corre, Preciosa!
¡Míralo por dónde viene!

Sátiro de estrellas bajas
con sus lenguas relucientes.

*

Preciosa, llena de miedo,
entra en la casa que tiene,
más arriba de los pinos,
el cónsul de los ingleses.

Asustados por los gritos
tres carabineros vienen,
sus negras capas ceñidas
y los gorros en las sienes.

El inglés da a la gitana
un vaso de tibia leche,
y una copa de ginebra
que Preciosa no se bebe.

Y mientras cuenta, llorando,
su aventura a aquella gente,
en las tejas de pizarra
el viento, furioso, muerde.

REYERTA

A Rafael Méndez

En la mitad del barranco
las navajas de Albacete,
bellas de sangre contraria,
relucen como los peces.
Una dura luz de naipe
recorta en el agrio verde
caballos enfurecidos
y perfiles de jinetes.
En la copa de un olivo
lloran dos viejas mujeres.
El toro de la reyerta
se sube por las paredes.
Ángeles negros traían
pañuelos y agua de nieve.
Ángeles con grandes alas
de navajas de Albacete.
Juan Antonio el de Montilla
rueda muerto la pendiente,
su cuerpo lleno de lirios
y una granada en las sienes.

Ahora monta cruz de fuego
carretera de la muerte.

*

El juez, con guardia civil,
por los olivares viene.
Sangre resbalada gime
muda canción de serpiente.
Señores guardias civiles:
aquí pasó lo de siempre.
Han muerto cuatro romanos
y cinco cartagineses.

*

La tarde, loca de higueras
y de rumores calientes,
cae desmayada en los muslos
heridos de los jinetes.
Y ángeles negros volaban
por el aire de poniente.
Ángeles de largas trenzas
y corazones de aceite.

ROMANCE SONÁMBULO

A Gloria Giner y a Fernando de los Ríos

Verde que te quiero verde.
Verde viento. Verdes ramas.
El barco sobre la mar
y el caballo en la montaña.
Con la sombra en la cintura,
ella sueña en su baranda,
verde carne, pelo verde,
con ojos de fría plata.
Verde que te quiero verde.
Bajo la luna gitana,
las cosas la están mirando
y ella no puede mirarlas.

*

Verde que te quiero verde.
Grandes estrellas de escarcha
vienen con el pez de sombra
que abre el camino del alba.
La higuera frota su viento

con la lija de sus ramas,
y el monte, gato garduño,
eriza sus pitas agrias.
Pero ¿quién vendrá? ¿Y por dónde...?
Ella sigue en su baranda,
verde carne, pelo verde,
soñando en la mar amarga.

*

—Compadre, quiero cambiar
mi caballo por su casa,
mi montura por su espejo,
mi cuchillo por su manta.
Compadre, vengo sangrando,
desde los puertos de Cabra.
—Si yo pudiera, mocito,
este trato se cerraba.
Pero yo ya no soy yo,
ni mi casa es ya mi casa.
—Compadre, quiero morir
decentemente en mi cama.
De acero, si puede ser,
con las sábanas de holanda.
¿No ves la herida que tengo
desde el pecho a la garganta?

—Trescientas rosas morenas
lleva tu pechera blanca.
Tu sangre rezuma y huele
alrededor de tu faja.
Pero yo ya no soy yo,
ni mi casa es ya mi casa.
—Dejadme subir al menos
hasta las altas barandas,
¡dejadme subir!, dejadme,
hasta las verdes barandas.
Barandales de la luna
por donde retumba el agua.

*

Ya suben los dos compadres
hacia las altas barandas.
Dejando un rastro de sangre.
Dejando un rastro de lágrimas.
Temblaban en los tejados
farolillos de hojalata.
Mil panderos de cristal
herían la madrugada.

*

Verde que te quiero verde,
verde viento, verdes ramas.

Los dos compadres subieron.
El largo viento dejaba
en la boca un raro gusto
de hiel, de menta y de albahaca.
—¡Compadre! ¿Dónde está, dime,
dónde está tu niña amarga?
—¡Cuántas veces te esperó!
¡Cuántas veces te esperara,
cara fresca, negro pelo,
en esta verde baranda!

*

Sobre el rostro del aljibe
se mecía la gitana.
Verde carne, pelo verde,
con ojos de fría plata.
Un carámbano de luna
la sostiene sobre el agua.
La noche se puso íntima
como una pequeña plaza.
Guardias civiles borrachos
en la puerta golpeaban.
Verde que te quiero verde.
Verde viento. Verdes ramas.
El barco sobre la mar.
Y el caballo en la montaña.

LA CASADA INFIEL

A Lydia Cabrera y a su negrita

Y que yo me la llevé al río
creyendo que era mozuela,
pero tenía marido.

Fue la noche de Santiago
y casi por compromiso.
Se apagaron los faroles
y se encendieron los grillos.
En las últimas esquinas
toqué sus pechos dormidos,
y se me abrieron de pronto
como ramos de jacintos.
El almidón de su enagua
me sonaba en el oído,
como una pieza de seda
rasgada por diez cuchillos.
Sin luz de plata en sus copas
los árboles han crecido
y un horizonte de perros
ladra muy lejos del río.

*

Pasadas las zarzamoras,
los juncos y los espinos,
bajo su mata de pelo
hice un hoyo sobre el limo.
Yo me quité la corbata.
Ella se quitó el vestido.
Yo el cinturón con revólver.
Ella sus cuatro corpiños.
Ni nardos ni caracolas
tienen el cutis tan fino,
ni los cristales con luna
relumbran con ese brillo.
Sus muslos se me escapaban
como peces sorprendidos,
la mitad llenos de lumbre,
la mitad llenos de frío.
Aquella noche corrí
el mejor de los caminos,
montado en potra de nácar
sin bridas y sin estribos.
No quiero decir, por hombre,
las cosas que ella me dijo.
La luz del entendimiento
me hace ser muy comedido.

Sucia de besos y arena
yo me la llevé del río.
Con el aire se batían
las espadas de los lirios.

Me porté como quien soy.
Como un gitano legítimo.
Le regalé un costurero
grande, de raso pajizo,
y no quise enamorarme
porque, teniendo marido,
me dijo que era mozuela
cuando la llevaba al río.

ROMANCE DE LA PENA NEGRA

A José Navarro Pardo

Las piquetas de los gallos
cavan buscando la aurora,
cuando por el monte oscuro
baja Soledad Montoya.
Cobre amarillo, su carne
huele a caballo y a sombra.
Yunques ahumados, sus pechos
gimen canciones redondas.
—Soledad: ¿por quién preguntas
sin compaña y a estas horas?
—Pregunte por quien pregunte,
dime: ¿a ti qué se te importa?
Vengo a buscar lo que busco,
mi alegría y mi persona.
—Soledad de mis pesares,
caballo que se desboca,
al fin encuentra la mar
y se lo tragan las olas.

—No me recuerdes el mar,
que la pena negra brota
en las tierras de aceituna
bajo el rumor de las hojas.
—¡Soledad, qué pena tienes!
¡Qué pena tan lastimosa!
Lloras zumo de limón
agrio de espera y de boca.
—¡Qué pena tan grande! Corro
mi casa como una loca,
mis dos trenzas por el suelo
de la cocina a la alcoba.
¡Qué pena! Me estoy poniendo
de azabache, carne y ropa.
¡Ay, mis camisas de hilo!
¡Ay, mis muslos de amapola!
—Soledad: lava tu cuerpo
con agua de las alondras,
y deja tu corazón
en paz, Soledad Montoya.

*

Por abajo canta el río:
volante de cielo y hojas.
Con flores de calabaza

la nueva luz se corona.
¡Oh pena de los gitanos!
Pena limpia y siempre sola.
¡Oh pena de cauce oculto
y madrugada remota!

PRENDIMIENTO DE ANTOÑITO EL CAMBORIO EN EL CAMINO DE SEVILLA

A Margarita Xirgu

Antonio Torres Heredia,
hijo y nieto de Camborios,
con una vara de mimbre
va a Sevilla a ver los toros.
Moreno de verde luna,
anda despacio y garboso.
Sus empavonados bucles
le brillan entre los ojos.
A la mitad del camino
cortó limones redondos,
y los fue tirando al agua
hasta que la puso de oro.
Y a la mitad del camino,
bajo las ramas de un olmo,
Guardia Civil caminera
lo llevó codo con codo.

El día se va despacio,
la tarde colgada a un hombro,

dando una larga torera
sobre el mar y los arroyos.
Las aceitunas aguardan
la noche de Capricornio,
y una corta brisa ecuestre
salta los montes de plomo.
Antonio Torres Heredia,
hijo y nieto de Camborios,
viene sin vara de mimbre
entre los cinco tricornios.

—Antonio, ¿quién eres tú?
Si te llamaras Camborio,
hubieras hecho una fuente
de sangre con cinco chorros.
Ni tú eres hijo de nadie,
ni legítimo Camborio.
¡Se acabaron los gitanos
que iban por el monte solos!
Están los viejos cuchillos
tiritando bajo el polvo.

A las nueve de la noche
lo llevan al calabozo,
mientras los guardias civiles
beben limonada todos.

Y a las nueve de la noche
le cierran el calabozo,
mientras el cielo reluce
como la grupa de un potro.

MUERTE DE ANTOÑITO EL CAMBORIO

A José Antonio Rubio Sacristán

Voces de muerte sonaron
cerca del Guadalquivir.
Voces antiguas que cercan
voz de clavel varonil.
Les clavó sobre las botas
mordiscos de jabalí.
En la lucha daba saltos
jabonados de delfín.
Bañó con sangre enemiga
su corbata carmesí,
pero eran cuatro puñales
y tuvo que sucumbir.
Cuando las estrellas clavan
rejones al agua gris,
cuando los erales sueñan
verónicas de alhelí,
voces de muerte sonaron
cerca del Guadalquivir.

*

   —Antonio Torres Heredia,
Camborio de dura crin,
moreno de verde luna,
voz de clavel varonil:
¿quién te ha quitado la vida
cerca del Guadalquivir?
—Mis cuatro primos Heredias,
hijos de Benamejí.
Lo que en otros no envidiaban,
ya lo envidiaban en mí.
Zapatos color corinto,
medallones de marfil,
y este cutis amasado
con aceituna y jazmín.
—¡Ay, Antoñito el Camborio,
digno de una Emperatriz!
Acuérdate de la Virgen
porque te vas a morir.
—¡Ay, Federico García,
llama a la Guardia Civil!
Ya mi talle se ha quebrado
como caña de maíz.

*

   Tres golpes de sangre tuvo,
y se murió de perfil.

Viva moneda que nunca
se volverá a repetir.
Un ángel marchoso pone
su cabeza en un cojín.
Otros, de rubor cansado,
encendieron un candil.
Y cuando los cuatro primos
llegan a Benamejí,
voces de muerte cesaron
cerca del Guadalquivir.

ROMANCE DE LA GUARDIA CIVIL ESPAÑOLA

A Juan Guerrero, cónsul general de la poesía

Los caballos negros son.
Las herraduras son negras.
Sobre las capas relucen
manchas de tinta y de cera.
Tienen, por eso no lloran,
de plomo las calaveras.
Con el alma de charol
vienen por la carretera.
Jorobados y nocturnos,
por donde animan ordenan
silencios de goma oscura
y miedos de fina arena.
Pasan, si quieren pasar,
y ocultan en la cabeza
una vaga astronomía
de pistolas inconcretas.

*

¡Oh ciudad de los gitanos!
En las esquinas banderas.

La luna y la calabaza
con las guindas en conserva.
¡Oh ciudad de los gitanos!
¿Quién te vio y no te recuerda?
Ciudad de dolor y almizcle,
con las torres de canela.

*

Cuando llegaba la noche,
noche que noche nochera,
los gitanos en sus fraguas
forjaban soles y flechas.
Un caballo malherido
llamaba a todas las puertas.
Gallos de vidrio cantaban
por Jerez de la Frontera.
El viento vuelve desnudo
la esquina de la sorpresa,
en la noche platinoche,
noche que noche nochera.

*

La Virgen y San José
perdieron sus castañuelas,
y buscan a los gitanos
para ver si las encuentran.

La Virgen viene vestida
con un traje de alcaldesa
de papel de chocolate
con los collares de almendras.
San José mueve los brazos
bajo una capa de seda.
Detrás va Pedro Domecq
con tres sultanes de Persia.
La media luna soñaba
un éxtasis de cigüeña.
Estandartes y faroles
invaden las azoteas.
Por los espejos sollozan
bailarinas sin caderas.
Agua y sombra, sombra y agua
por Jerez de la Frontera.

*

¡Oh ciudad de los gitanos!
En las esquinas banderas.
Apaga tus verdes luces
que viene la benemérita.
¡Oh ciudad de los gitanos!
Quién te vio y no te recuerda?
Dejadla lejos del mar
sin peines para sus crenchas.

*

Avanzan de dos en fondo
a la ciudad de la fiesta.
Un rumor de siemprevivas
invade las cartucheras.
Avanzan de dos en fondo.
Doble nocturno de tela.
El cielo, se les antoja,
una vitrina de espuelas.

*

La ciudad, libre de miedo,
multiplicaba sus puertas.
Cuarenta guardias civiles
entran a saco por ellas.
Los relojes se pararon,
y el coñac de las botellas
se disfrazó de noviembre
para no infundir sospechas.
Un vuelo de gritos largos
se levantó en las veletas.
Los sables cortan las brisas
que los cascos atropellan.

Por las calles de penumbra
huyen las gitanas viejas
con los caballos dormidos
y las orzas de monedas.
Por las calles empinadas
suben las capas siniestras,
dejando detrás fugaces
remolinos de tijeras.

*

En el Portal de Belén
los gitanos se congregan.
San José, lleno de heridas,
amortaja a una doncella.
Tercos fusiles agudos
por toda la noche suenan.
La Virgen cura a los niños
con salivilla de estrella.
Pero la Guardia Civil
avanza sembrando hogueras,
donde joven y desnuda
la imaginación se quema.
Rosa, la de los Camborios,
gime sentada en su puerta
con sus dos pechos cortados

puestos en una bandeja.
Y otras muchachas corrían
perseguidas por sus trenzas,
en un aire donde estallan
rosas de pólvora negra.
Cuando todos los tejados
eran surcos en la tierra,
el alba meció sus hombros
en largo perfil de piedra.

*

¡Oh ciudad de los gitanos!
La Guardia Civil se aleja
por un túnel de silencio
mientras las llamas te cercan.

*

¡Oh ciudad de los gitanos!
¿Quién te vio y no te recuerda?
Que te busquen en mi frente.
Juego de luna y arena.

LLANTO POR LA MUERTE DE IGNACIO SÁNCHEZ MEJÍAS

(1935)

A mi querida amiga
Encarnación López Júlvez

1. LA COGIDA Y LA MUERTE

A las cinco de la tarde.
Eran las cinco en punto de la tarde.
Un niño trajo la blanca sábana
a las cinco de la tarde.
Una espuerta de cal ya prevenida
a las cinco de la tarde.
Lo demás era muerte y solo muerte
a las cinco de la tarde.

El viento se llevó los algodones
a las cinco de la tarde.
Y el óxido sembró cristal y níquel
a las cinco de la tarde.
Ya luchan la paloma y el leopardo
a las cinco de la tarde.
Y un muslo con un asta desolada
a las cinco de la tarde.
Comenzaron los sones del bordón
a las cinco de la tarde.
Las campanas de arsénico y el humo

a las cinco de la tarde.
En las esquinas grupos de silencio
a las cinco de la tarde

    ¡Y el toro solo corazón arriba!
a las cinco de la tarde.
Cuando el sudor de nieve fue llegando
a las cinco de la tarde,
cuando la plaza se cubrió de yodo
a las cinco de la tarde,
la muerte puso huevos en la herida
a las cinco de la tarde.
A las cinco de la tarde.
A las cinco en punto de la tarde.

    Un ataúd con ruedas es la cama
a las cinco de la tarde.
Huesos y flautas suenan en su oído
a las cinco de la tarde.
El toro ya mugía por su frente
a las cinco de la tarde.
El cuarto se irisaba de agonía
a las cinco de la tarde.
A lo lejos ya viene la gangrena
a las cinco de la tarde.
Trompa de lirio por las verdes ingles

a las cinco de la tarde.
Las heridas quemaban como soles
a las cinco de la tarde,
y el gentío rompía las ventanas
a las cinco de la tarde.
A las cinco de la tarde.
¡Ay qué terribles cinco de la tarde!
¡Eran las cinco en todos los relojes!
¡Eran las cinco en sombra de la tarde!

2. LA SANGRE DERRAMADA

¡Que no quiero verla!

Dile a la luna que venga,
que no quiero ver la sangre
de Ignacio sobre la arena.

¡Que no quiero verla!

La luna de par en par.
Caballo de nubes quietas,
y la plaza gris del sueño
con sauces en las barreras.

¡Que no quiero verla!
Que mi recuerdo se quema.
¡Avisad a los jazmines
con su blancura pequeña!

¡Que no quiero verla!

La vaca del viejo mundo
pasaba su triste lengua
sobre un hocico de sangres
derramadas en la arena,
y los toros de Guisando,
casi muerte y casi piedra,
mugieron como dos siglos
hartos de pisar la tierra.
No.
¡Que no quiero verla!

Por las gradas sube Ignacio
con toda su muerte a cuestas.
Buscaba el amanecer,
y el amanecer no era.
Busca su perfil seguro,
y el sueño lo desorienta.
Buscaba su hermoso cuerpo
y encontró su sangre abierta.
¡No me digáis que la vea!
No quiero sentir el chorro
cada vez con menos fuerza;
ese chorro que ilumina
los tendidos y se vuelca
sobre la pana y el cuero
de muchedumbre sedienta.

¡Quién me grita que me asome!
¡No me digáis que la vea!

  No se cerraron sus ojos
cuando vio los cuernos cerca,
pero las madres terribles
levantaron la cabeza.
Y a través de las ganaderías,
hubo un aire de voces secretas
que gritaban a toros celestes,
mayorales de pálida niebla.
No hubo príncipe en Sevilla
que comparársele pueda,
ni espada como su espada,
ni corazón tan de veras.
Como un río de leones
su maravillosa fuerza,
y como un torso de mármol
su dibujada prudencia.
Aire de Roma andaluza
le doraba la cabeza
donde su risa era un nardo
de sal y de inteligencia.
¡Qué gran torero en la plaza!
¡Qué gran serrano en la sierra!
¡Qué blando con las espigas!

¡Qué duro con las espuelas!
¡Qué tierno con el rocío!
¡Qué deslumbrante en la feria!
¡Qué tremendo con las últimas
banderillas de tiniebla!

　　Pero ya duerme sin fin.
Ya los musgos y la hierba
abren con dedos seguros
la flor de su calavera.
Y su sangre ya viene cantando:
cantando por marismas y praderas,
resbalando por cuernos ateridos,
vacilando sin alma por la niebla,
tropezando con miles de pezuñas
como una larga, oscura, triste lengua,
para formar un charco de agonía
junto al Guadalquivir de las estrellas.
¡Oh blanco muro de España!
¡Oh negro toro de pena!
¡Oh sangre dura de Ignacio!
¡Oh ruiseñor de sus venas!
No.
¡Que no quiero verla!
Que no hay cáliz que la contenga,
que no hay golondrinas que se la beban,

no hay escarcha de luz que la enfríe,
no hay canto ni diluvio de azucenas,
no hay cristal que la cubra de plata.
No.
¡¡Yo no quiero verla!!

3. CUERPO PRESENTE

La piedra es una frente donde los sueños gimen
sin tener agua curva ni cipreses helados.
La piedra es una espalda para llevar al tiempo
con árboles de lágrimas y cintas y planetas.

Yo he visto lluvias grises correr hacia las olas
levantando sus tiernos brazos acribillados,
para no ser cazadas por la piedra tendida
que desata sus miembros sin empapar la sangre.

Porque la piedra coge simientes y nublados,
esqueletos de alondras y lobos de penumbra;
pero no da sonidos, ni cristales, ni fuego,
sino plazas y plazas y otras plazas sin muros

Ya está sobre la piedra Ignacio el bien nacido.
Ya se acabó; ¿qué pasa? Contemplad su figura:
la muerte le ha cubierto de pálidos azufres
y le ha puesto cabeza de oscuro minotauro.

Ya se acabó. La lluvia penetra por su boca.
El aire como loco deja su pecho hundido,

y el Amor, empapado con lágrimas de nieve,
se calienta en la cumbre de las ganaderías.

¿Qué dicen? Un silencio con hedores reposa.
Estamos con un cuerpo presente que se esfuma,
con una forma clara que tuvo ruiseñores
y la vemos llenarse de agujeros sin fondo.

¿Quién arruga el sudario? ¡No es verdad lo que dice!
Aquí no canta nadie, ni llora en el rincón,
ni pica las espuelas, ni espanta la serpiente:
aquí no quiero más que los ojos redondos
para ver ese cuerpo sin posible descanso.

Yo quiero ver aquí los hombres de voz dura.
Los que doman caballos y dominan los ríos:
los hombres que les suena el esqueleto y cantan
con una boca llena de sol y pedernales.

Aquí quiero yo verlos. Delante de la piedra.
Delante de este cuerpo con las riendas quebradas.
Yo quiero que me enseñen dónde está la salida
para este capitán atado por la muerte.

Yo quiero que me enseñen un llanto como un río
que tenga dulces nieblas y profundas orillas,

para llevar el cuerpo de Ignacio y que se pierda
sin escuchar el doble resuello de los toros.

Que se pierda en la plaza redonda de la luna
que finge cuando niña doliente res inmóvil;
que se pierda en la noche sin canto de los peces
y en la maleza blanca del humo congelado.

No quiero que le tapen la cara con pañuelos
para que se acostumbre con la muerte que lleva.
Vete, Ignacio: No sientas el caliente bramido.
Duerme, vuela, reposa: ¡También se muere el mar!

4. ALMA AUSENTE

No te conoce el toro ni la higuera,
ni caballos ni hormigas de tu casa.
No te conoce el niño ni la tarde
porque te has muerto para siempre.

No te conoce el lomo de la piedra,
ni el raso negro donde te destrozas.
No te conoce tu recuerdo mudo
porque te has muerto para siempre.

El otoño vendrá con caracolas,
uva de niebla y montes agrupados,
pero nadie querrá mirar tus ojos
porque te has muerto para siempre.

Porque te has muerto para siempre,
como todos los muertos de la Tierra,
como todos los muertos que se olvidan
en un montón de perros apagados.

No te conoce nadie. No. Pero yo te canto.
Yo canto para luego tu perfil y tu gracia.
La madurez insigne de tu conocimiento.
Tu apetencia de muerte y el gusto de su boca.
La tristeza que tuvo tu valiente alegría.

Tardará mucho tiempo en nacer, si es que nace,
un andaluz tan claro, tan rico de aventura.
Yo canto su elegancia con palabras que gimen
y recuerdo una brisa triste por los olivos.

DIVÁN DEL TAMARIT
(1936)

GACELA DEL AMOR IMPREVISTO

Nadie comprendía el perfume
de la oscura magnolia de tu vientre.
Nadie sabía que martirizabas
un colibrí de amor entre los dientes.

Mil caballitos persas se dormían
en la plaza con luna de tu frente,
mientras que yo enlazaba cuatro noches
tu cintura, enemiga de la nieve.

Entre yeso y jazmines, tu mirada
era un pálido ramo de simientes.
Yo busqué, para darte, por mi pecho
las letras de marfil que dicen *siempre*,

siempre, siempre: jardín de mi agonía,
tu cuerpo fugitivo para siempre,
la sangre de tus venas en mi boca,
tu boca ya sin luz para mi muerte.

GACELA DEL RECUERDO DEL AMOR

No te lleves tu recuerdo.
Déjalo solo en mi pecho,

temblor de blanco cerezo
en el martirio de enero.

Me separa de los muertos
un muro de malos sueños.

Doy pena de lirio fresco
para un corazón de yeso.

Toda la noche, en el huerto
mis ojos, como dos perros.

Toda la noche, corriendo
los membrillos de veneno.

Algunas veces el viento
es un tulipán de miedo,

es un tulipán enfermo,
la madrugada de invierno.

Un muro de malos sueños
me separa de los muertos.

La niebla cubre en silencio
el valle gris de tu cuerpo.

Por el arco del encuentro
la cicuta está creciendo.

Pero deja tu recuerdo,
déjalo solo en mi pecho.

CASIDA DE LA MUJER TENDIDA

Verte desnuda es recordar la tierra.
La tierra lisa, limpia de caballos.
La tierra sin un junco, forma pura
cerrada al porvenir: confín de plata.

Verte desnuda es comprender el ansia
de la lluvia que busca débil talle,
o la fiebre del mar de inmenso rostro
sin encontrar la luz de su mejilla.

La sangre sonará por las alcobas
y vendrá con espada fulgurante,
pero tú no sabrás dónde se ocultan
el corazón de sapo o la violeta.

Tu vientre es una lucha de raíces,
tus labios son un alba sin contorno,
bajo las rosas tibias de la cama
los muertos gimen esperando turno.

CASIDA DE LA ROSA

La rosa
no buscaba la aurora:
casi eterna en su ramo,
buscaba otra cosa.

La rosa,
no buscaba ni ciencia ni sombra:
confín, de carne y sueño,
buscaba otra cosa.

La rosa,
no buscaba la rosa.
Inmóvil por el cielo
buscaba otra cosa.

POEMAS SUELTOS

EN LA MUERTE DE JOSÉ DE
CIRIA Y ESCALANTE

¿Quién dirá que te vio, y en qué momento?
¡Qué dolor de penumbra iluminada!
Dos voces suenan: el reloj y el viento,
mientras flota sin ti la madrugada.

Un delirio de nardo ceniciento
invade tu cabeza delicada.
¡Hombre! ¡ Pasión! ¡Dolor de luz! Memento.
Vuelve hecho luna y corazón de nada.

Vuelve hecho luna: con mi propia mano
lanzaré tu manzana sobre el río
turbio de rojos peces y verano.

Y tú, arriba, en lo alto, verde y frío,
¡olvídame! y olvida al mundo vano,
delicado Giocondo, amigo mío.

CANTARES POPULARES

LOS CUATRO MULEROS

1

De los cuatro muleros,
que van al campo,
el de la mula torda,
moreno y alto.

2

De los cuatro muleros,
que van al agua,
el de la mula torda,
me roba el alma.

3

De los cuatro muleros,
que van al río,

el de la mula torda
es mi marío.

4

A qué buscas la lumbre
la calle arriba
si de tu cara sale
la brasa viva.

LOS PELEGRINITOS

Hacia Roma caminan
dos pelegrinos,
a que los case el Papa,
porque son primos.

Sombrerito de hule
lleva el mozuelo,
y la pelegrinita
de terciopelo.

Al pasar por el puente
de la Victoria,
tropezó la madrina,
cayó la novia.

Han llegado a Palacio,
suben arriba,
y en la sala del Papa
los desaniman.

Le ha preguntado el Papa
cómo se llaman.
Él le dice que Pedro
y ella que Ana.

Le ha preguntado el Papa
que qué edad tienen.
Ella dice que quince
y él diez y siete.

Le ha preguntado el Papa
de dónde eran.
Ella dice de Cabra
y él de Antequera.

Le ha preguntado el Papa
que si han pecado.
El le dice que un beso
que le había dado.

Y la pelegrinita,
que es vergonzosa,
se le ha puesto la cara
como una rosa.

Y ha respondido el Papa
desde su cuarto:
¡Quién fuera pelegrino
para otro tanto!

Las campanas de Roma
ya repicaron
porque los pelegrinos
ya se casaron.

ROMANCES DEL TEATRO
(1924-1935)

En la corrida más grande
que se vio en Ronda la vieja.
Cinco toros de azabache
con divisa verde y negra.
Yo pensaba siempre en ti;
yo pensaba: Si estuviera
conmigo mi triste amiga,
¡mi Marianita Pineda!
Las niñas venían gritando
sobre pintadas calesas,
con abanicos redondos
bordados de lentejuelas.
Y los jóvenes de Ronda
sobre jacas pintureras,
los anchos sombreros grises
calados hasta las cejas.
La plaza con el gentío
(calañés y altas peinetas)
giraba como un zodiaco

de risas blancas y negras.
Y cuando el gran Cayetano
cruzó la pajiza arena
con traje color manzana,
bordado de plata y seda,
destacándose gallardo
entre la gente de brega
frente a los toros zaínos
que España cría en su tierra,
parecía que la tarde
se ponía más morena.
¡Si hubieran visto con qué
gracia movía las piernas!
¡Qué gran equilibrio el suyo
con la capa y la muleta!
¡Mejor, ni Pedro Romero
toreando las estrellas!
Cinco toros mató, cinco,
con divisa verde y negra.
En la punta de su espada
cinco flores dejó abiertas,
y a cada instante rozaba
los hocicos de las fieras,
como una gran mariposa
de oro con alas bermejas.
La plaza, al par que la tarde,

vibraba fuerte, violenta,
y entre el olor de la sangre
iba el olor de la sierra.

Mariana Pineda, estampa primera

Decirte cómo lo quiero
no me produce rubor.
Me escuece dentro su amor,
y relumbra todo entero.
Él ama la libertad
y yo la quiero más que él.
Lo que dice es mi verdad
agria, que me sabe a miel.
Y no me importa que el día
con la noche se enturbiara,
que con la luz que emanara
su espíritu viviría.
Por este amor verdadero
que muerde mi alma sencilla
me estoy poniendo amarilla
como la flor del romero.

Mariana Pineda, estampa primera

Don Pedro vendrá a caballo
como loco, cuando sepa
que yo estoy encarcelada
por bordarle su bandera.
Y, si me matan, vendrá
para morir a mi vera,
que me lo dijo una noche
besándome la cabeza.
El vendrá como un San Jorge
de diamantes y agua negra,
al aire la deslumbrante
flor de su capa bermeja.
Y porque es noble y modesto,
 para que nadie lo vea,
vendrá por la madrugada,
por la madrugada fresca,
cuando sobre el cielo oscuro
brilla el limonar apenas
y el alba finge en las olas
fragatas de sombra y seda.

¿Tú qué sabes? ¡Qué alegría!
No tengo miedo, ¿te enteras?

Mariana Pineda, estampa tercera

Un lunes por la mañana
a eso de las once y media,
cuando el sol deja sin sombra
los juncos y madreselvas,
cuando alegremente bailan
brisa y tomillo en la sierra
y van cayendo las verdes
hojas de las madroñeras,
regaba sus alhelíes
la arisca talabartera.
Llegó su amigo trotando
una jaca cordobesa
y le dijo entre suspiros:
Niña, si tú lo quisieras,
cenaríamos mañana
los dos solos, en tu mesa.
¿Y qué harás con mi marido?
Tu marido no se entera.
¿Qué piensas hacer? Matarlo.
Es ágil. Quizá no puedas.

¿Tienes revólver? ¡Mejor!,
¡tengo navaja barbera!
¿Corta mucho? Más que el frío.

Y no tiene ni una mella.
¿No has mentido? Le daré
diez puñaladas certeras
en esta disposición,
que me parece estupenda:
cuatro en la región lumbar,
una en la tetilla izquierda,
otra en semejante sitio
y dos en cada cadera.
¿Lo matarás en seguida?
Esta noche cuando vuelva
con el cuero y con las crines
por la curva de la acequia.

La zapatera prodigiosa, acto segundo

¿De dónde vienes, amor, mi niño?
De la cresta del duro frío.
¿Qué necesitas, amor, mi niño?
La tibia tela de tu vestido.

¡Que se agiten las ramas al sol
y salten las fuentes alrededor!

En el patio ladra el perro,
en los árboles canta el viento.
Los bueyes mugen al boyero
y la luna me riza los cabellos.
¿Qué pides, niño, desde tan lejos?

Los blancos montes que hay en tu pecho.
¡Que se agiten las ramas al sol
y salten las fuentes alrededor!

Te diré, niño mío, que sí,
tronchada y rota soy para ti.

¡Cómo me duele esta cintura
donde tendrás primera cuna!
¿Cuándo, mi niño, vas a venir?

Cuando tu carne huela a jazmín.
¡Que se agiten las ramas al sol
y salten las fuentes alrededor!

Yerma, acto primero

Cuando se abre en la mañana,
roja como sangre está.
El rocío no la toca
porque se teme quemar.
Abierta en el mediodía
es dura como el coral.
El sol se asoma a los vidrios
para verla relumbrar.
Cuando en las ramas empiezan
los pájaros a cantar
y se desmaya la tarde
en las violetas del mar,
se pone blanca, con blanco
de una mejilla de sal.
Y cuando toca la noche
blanco cuerno de metal
y las estrellas avanzan
mientras los aires se van,
en la raya de lo oscuro,
se comienza a deshojar.

Doña Rosita la soltera, acto primero

Granada, calle de Elvira,
donde viven las manolas,
las que se van a la Alhambra,
las tres y las cuatro solas.
Una vestida de verde,
otra de malva, y la otra,
un corselete escocés
con cintas hasta la cola.
Las que van delante, garzas,
la que va detrás, paloma,
abren por las alamedas
muselinas misteriosas.
¡Ay, qué oscura está la Alhambra!
¿Adónde irán las manolas
mientras sufren en la umbría
el surtidor y la rosa?
¡Qué galanes las esperan?
¿Bajo qué mirto reposan?
¿Qué manos roban perfumes
a sus dos flores redondas?

Nadie va con ellas, nadie;
dos garzas y una paloma.
Pero en el mundo hay galanes
que se tapan con las hojas.
La catedral ha dejado
bronces que la brisa toma.
El Genil duerme a sus bueyes
y el Dauro a sus mariposas.
La noche viene cargada
con sus colinas de sombra.
Una enseña los zapatos
entre volantes de blonda;
la mayor abre sus ojos
y la menor los entorna.
¿Quién serán aquellas tres
de alto pecho y larga cola?
¿Por qué agitan los pañuelos?
¿Adónde irán a estas horas?
Granada, calle de Elvira,
donde viven las manolas,
las que se van a la Alhambra,
las tres y las cuatro solas.

*Doña Rosita la soltera
o El lenguaje de las flores*, acto primero

Madre, llévame a los campos
con la luz de la mañana
a ver abrirse las flores
cuando se mecen las ramas.
Mil flores dicen mil cosas
para mil enamoradas,
y la fuente está contando
lo que el ruiseñor se calla.

Abierta estaba la rosa
con la luz de la mañana;
tan roja de sangre tierna,
que el rocío se alejaba;
tan caliente sobre el tallo,
que la brisa se quemaba;
¡tan alta!, ¡cómo reluce!
¡Abierta estaba!

«Sólo en ti pongo mis ojos»,
el heliotropo expresaba.

«No te querré mientras viva»,
dice la flor de la albahaca.
«Soy tímida», la violeta.
«Soy fría», la rosa blanca.
Dice el jazmín: «Seré fiel»;
y el clavel: «¡Apasionada!»

El jacinto es la amargura;
el dolor, la pasionaria.
El jaramago, el desprecio,
y los lirios, la esperanza.

Dice el nardo: «Soy tu amigo»;
«creo en ti», la pasionaria.
La madreselva te mece,
la siempreviva te mata.

Siempreviva de la muerte,
flor de las manos cruzadas,
¡qué bien estás cuando el aire
llora sobre tu guirnalda!

Abierta estaba la rosa,
pero la tarde llegaba,
y un rumor de nieve triste
le fue pasando las ramas;

cuando la sombra volvía,
cuando el ruiseñor cantaba,
como una muerta de pena
se puso transida y blanca;
y cuando la noche, grande
cuerno de metal sonaba
y los vientos enlazados
dormían en la montaña,
se deshojó suspirando
por los cristales del alba.

Sobre tu largo cabello
gimen las flores cortadas.
Unas llevan puñalitos;
otras, fuego, y otras, agua.

Las flores tienen su lengua
para las enamoradas.
Son celos el carambuco;
desdén esquivo, la dalia;
suspiros de amor, el nardo;
risa, la gala de Francia.
Las amarillas son odio;
el furor, las encarnadas;
las blancas son casamiento,
y las azules, mortaja.

Madre, llévame a los campos
con la luz de la mañana,
a ver abrirse las flores
cuando se mecen las ramas.

*Doña Rosita la soltera
o El lenguaje de las flores*, acto segundo